AF496347

12 janvier 1846

CATALOGUE D'ESTAMPES

ANCIENNES ET MODERNES,

DE QUELQUES DESSINS,

ET D'UN

TABLEAU

Par Antoine VAN DYCK,

Dont la Vente aura lieu

PLACE DE LA BOURSE, N° 2,

HOTEL DES COMMISSAIRES-PRISEURS,

SALLE N° 3,

Les Lundi 12 et Mardi 13 Janvier 1846,

A SIX HEURES DU SOIR,

Par le ministère de Me SIBIRE, Commissaire-Priseur,
rue Montmartre, 137,

Assisté de M. GUICHARDOT, marchand de Dessins et d'Estampes,
rue Saint-Thomas-du-Louvre, 32.

—— # ——

EXPOSITION PUBLIQUE

Le Dimanche 11 Janvier 1846,

De midi à 4 heures.

Imp. de Mme De Lac[illegible], rue d'Enghien, 13.

CATALOGUE
D'ESTAMPES
ANCIENNES ET MODERNES,

Par des Maîtres des Écoles Allemande, Anglaise, Flamande, Française, Hollandaise et Italienne,

DE QUELQUES DESSINS,
ET D'UN

TABLEAU
Par Antoine VAN DYCK,

COMPOSANT

LE CABINET DE M. A. DE BOISSY,

Dont la Vente aura lieu

PLACE DE LA BOURSE, N° 2,

HOTEL DES COMMISSAIRES-PRISEURS,

SALLE N° 3,

Les Lundi 12 et Mardi 13 Janvier 1846,

A SIX HEURES DU SOIR,

Par le ministère de Me SIBIRE, Commissaire-Priseur,
rue Montmartre, 137,

Assisté de M. GUICHARDOT, marchand de Dessins et d'Estampes,
rue Saint-Thomas-du-Louvre, 33,

CHEZ LESQUELS SE DISTRIBUE LE CATALOGUE.

EXPOSITION PUBLIQUE

Le Dimanche 11 Janvier 1846,

De midi à 4 heures.

PARIS. — 1845.

Les Acquéreurs paieront 5 p. 0/0 en sus du prix des adjudications, applicables aux frais de vente.

—※—

Imp. de Mme de Lacombe, r. d'Enghien, 12.

DÉSIGNATION

DES ESTAMPES.

1 — *ALMANACH, pour l'an de grâce MDCXXVI. Dédié au très-chrestien Lovis XIII, Roy de France et de Navarre. Composé et diligemment calculé par Mr. Iean Petit parisien, professeur ès sciences d'astrologie et mathématique.* Les figures sont gravées par Michel Lasne. Epreuve belle et bien conservée.

2 — *ALMANACH, pour l'an de grâce mil six cens XXXIV. Composé et diligemment calculé par Mr. Iean Petit parisien, professeur ès sciences astrologiques et mathématiques.* Epreuve belle et bien conservée.

3 — *ALMANACH pour l'an de grâce MCC. A Paris chez N. Langlois, et chez A. Trouvain.* Belle épreuve et bien conservée.

ANONYME.

4 — Pièce satyrique portant ce titre, dans la marge du bas :

Estampe du tableau trouvé dans l'Eglise des cy devant soy disant Jésuittes de Billom, en Auvergne. L'an 1762.

Voyez les comtes rendus aux chambres assemblées des collèges de Clermont Ferrand et Billom. Le 15 Juillet 1763.

BALECHOU (Jean-Joseph).

5 — Sainte Geneviève, patronne de Paris, d'après C. Vanloo. Epreuve tirée avant le collier terminé et le changement au bas du jupon.

6 — Une autre épreuve de la même planche; elle est avec le collier terminé et le bas du jupon changé, mais avant les barres sur le titre.

BEGA (Corneille).

7 — Les Fumeurs (B. 11), copie; l'Homme assis (B. 17); la Famille près de la cheminée (B. 23); les Chanteurs (B. 27); les trois Buveurs (B. 29); et la jeune Fille caressée (B. 34). En tout, cinq pièces.

BENASCHI (Jean-Baptiste).

8 — La Sainte Famille. Seule pièce gravée par ce maître.

BERGHEM (Clas ou Nicolas).

9 — La Vache qui s'abreuve (B. 1); et douze pièces des suites, dites les Bergeries. En tout, treize estampes.

10 — Le Joueur de flûte, vu par le dos (B. 6). Ancienne épreuve.

BISSCHOP, dit Episcopius (Jean de).

11 — Joseph administrant les biens de l'Egypte, et le Martyre de saint Laurent. Deux grandes planches, d'après B. Breenbergh.

BLEKER (G....).

12 — Villageois et Villageoise dans un cabriolet (B. 12); plus, la Dévideuse (B. 5), par Pierre de Laer. Deux pièces.

BLOEMAERT (Corneille).

13 — La Sainte Famille, dite la Vierge aux lunettes, d'après Annibal Carrache. Très belle épreuve de premier état, avant l'adresse de Jean-Jacquesde Rubeis, à la suite du mot Licentia; elle provient de la collection Borduge.

BOLSWERT (Schette a).

14 — Sainte Famille, où l'Enfant-Jésus tient un oiseau, d'après Rubens. Ancienne épreuve de deuxième état, avec l'adresse de Gillis Hendricx.

15 — Deux Paysages, d'après Rubens. Dans l'un, deux hommes scient un arbre; dans l'autre, un homme conduit un chariot. Belles épreuves.

16 — Trois pièces par ce même graveur; deux, d'après Rubens; une, d'après Diepenbeck.

BOULANGER (Jean).

17 — Suzanne accusée par les vieillards, d'après Moyse Valentin. Epreuve de premier état, avant l'inscription, dans la marge du bas; seulement les noms d'auteurs.

18 — Magdeleine de saint Joseph, religieuse de l'ordre Notre-Dame du Mont-Carmel. Rare et belle épreuve avant la lettre; elle porte au verso le nom de P. Mariette et la date 1668.

BROWN (John).

19 — L'Abreuvoir, d'après Rubens. Belle épreuve

avant la lettre; seulement les noms d'auteurs et d'éditeur tracés à la pointe.

BRUYN (Nicolas de).

20 — Quatre grandes pièces représentant des sujets de l'Histoire-Sainte.

CALLOT (Jacques).

21 — Le Nouveau Testament en onze pièces, y compris le titre gravé par A. Bosse. Belles épreuves de premier état, avant le n° et le discours, dans la marge du bas.

22 — La Vie de l'Enfant-Prodigue, en onze pièces, y compris le titre. Belles épreuves avant les numéros.

23 — Sainte Famille, appelée vulgairement *le Bénédicité;* deux épreuves, une porte au recto le nom de P. Mariette et la date 1671. Les Joueurs de cartes, pièce dite *le Berlan;* plus, le même sujet différemment composé et gravé par Bernard Capitelli. En tout, quatre pièces.

24 — Saint Nicolas, prêchant dans un bois, ou saint Severin. Belle épreuve avant l'adresse d'Israël Silvestre; elle provient de la collection Donnadieu. Plus, une épreuve avec l'adresse mentionnée ci-dessus; elle est de tirage moderne.

25 — Le Massacre des Innocens, gravé à Florence. Epreuve avec la lettre.
Le même sujet, gravé à Nancy. Epreuve avant la lettre.

26 — La Tentation de Saint-Antoine. Ancienne et belle épreuve, mais la marge du bas est coupée.

27 — Les Petites Misères de la guerre, en sept pièces, y compris le titre gravé par A. Bosse. Anciennes et belles épreuves.

28 — La Foire de Gondreville, près de Nancy. Pièce appelée ordinairement *les Joueurs de Boules*. Deux épreuves : la première, avant toute adresse ; la deuxième, avec l'adresse d'Israël Silvestre. Cette dernière est de tirage moderne.

29 — La Carrière, ou la Rue Neuve de Nancy. Epreuve de premier état, avant l'adresse de Silvestre, au milieu de la marge inférieure.

30 — La Foire de *la Madona del Imprunetta*, connue sous le nom de *la Foire de Florence*. Epreuve de la seconde planche, gravée à Nancy ; plus, la copie en contre-partie, par Salomon Savry. Deux pièces.

31 — Deux Vues de Paris : le Pont-Neuf, avec l'ancienne tour de Nesle ; et le Louvre, aussi avec l'ancienne tour de Nesle. Epreuves de premier état, avant que la marge du bas n'ait eté coupée ; elles sont aussi avant l'adresse de Silvestre.

32 — La Vue du Louvre et de l'Ancienne Tour de Nesle. Epreuve de premier état.

33 — Autre Vue de Paris ; à gauche, une prison. Deux épreuves ; la première, avant le Pont-Neuf, dans le fond, gravé par Silvestre.

34 — Trente-sept pièces diverses, appartenant à différentes suites. Belles épreuves.

35 — Vingt-cinq autres pièces diverses.

36 — Vingt-huit pièces, d'après ce maître.

CAUKERKEN (CORNEILLE VAN).

37 — Le Martyre de saint Lievens, d'après Rubens. Belle épreuve.

38 — Bataille de paysans, d'après Jean Molenaer. Riche composition.

CARRACHE (ANNIBAL).

39 — Le Couronnement d'épines (B. 3). Belle épreuve de deuxième état, avant l'adresse de Nicolas van Aelst, qui a été effacée dans le dernier état.

40 — La Vierge à l'Ecuelle (B. 9). Epreuve avant l'adresse de Nicolas van Aelst; elle manque de conservation.

CLAESSENS (L.-A).

41 — La Bénédiction de Jacob, d'après Rembrandt. Belle épreuve avant toute lettre, et avant divers travaux.

COCLERS (LÉONARD-BERNARD).

42 — Ostade assis, un chapeau sur la tête; il porte un manteau et un grand rabat. Belle épreuve.

DALEN (CORNEILLE VAN), le jeune.

43 — François Deleboe Sylvius, médecin. Très belle épreuve.

DELCLOCHE, amateur français.

44 — L'Huître et les Plaideurs. Eau-forte rare.

DESNOYERS (M. AUGUSTE-BOUCHER).

45 — Éliézer et Rebecca, d'après Nicolas Poussin. Belle épreuve.

DIETRICY (CHRISTIAN-WILLIAM-ERNEST).

46 — Jésus guérissant les malades.

DUPONT (M. PIERRE-LOUIS HENRIQUEL).

47 — Montaigne, en buste, dans un ovale; plus, François Ier, d'après le Titien, par M. Leroux. Ces deux portraits, avant la lettre, sur papier de la Chine; seulement les noms d'auteurs tracés à la pointe.

DURER (ALBERT).

48 — Adam et Eve (B. 1).

49 — Adam et Eve. Copie A gravée par Jean Wierx. Belle épreuve.

50 — Une autre épreuve de cette copie.

5 — La Vierge à la poire (B. 41). Belle épreuve, mais elle manque de conservation.

52 — La Sainte Famille au papillon (B. 44). Très belle épreuve; elle a quelques petites déchirures.

53 — Saint Christophe, la tête retournée (B. 51). Belle épreuve; elle provient de la collection Donnadieu.

44 — Saint Christophe (B. 52). Bonne épreuve.

55 — L'enlèvement d'Amymone (B. 71). Belle épreu-

vé. Plus, la copie en contre-partie par Jean Wierx, *non décrite*; ancienne épreuve.

56 — L'effet de la jalousie (B. 73). Belle épreuve.

57 — La Mélancolie (B. 74): et les deux copies A et B : la première, par Jean (et non Jérôme) Wierx; la seconde, par un anonyme. Plus, une autre copie en contre-partie, *non décrite*. En tout quatre pièces.

58 — La Grande Fortune (B. 77). Belle épreuve, mais elle est rognée dans la partie supérieure, jusqu'aux cheveux de Pandore.

59 — Le Paysan du marché (B. 89). Plus, la copie B.

60 — Le Cheval de la mort (B. 98). Epreuve mal conservée. Plus, la copie A.

61 — Albert de Mayence, vu de profil (B. 103). Belle épreuve.

62 — Philippe Mélanchton (B. 105). Très belle épreuve.

63 — Bilibald Pirkheimer (B. 106). Belle épreuve.

64 — Six Pièces par et d'après ce maître.

65 — Six Pièces d'après des estampes de ce maître.

66 — La Mise au Tombeau, d'après ce maître, par un anonyme. Superbe épreuve de premier état, avant toute adresse.

Une autre épreuve; elle est de troisième état, avec l'adresse de Jean Michel Probst, successeur de Jérémie Wolff.

67 — La Fuite en Egypte (B. 89, des estampes en bois). Belle épreuve de premier état, avant le texte imprimé au verso.

68 — Huit Pièces diverses, gravées en bois, d'après ce maître.

DU SART (Corneille).

69 — Cinq Pièces par ce maître : La Ventouse (B. 12), le Chirurgien sondant une plaie (B. 13), le Cordonnier renommé (B. 14), le Chanteur assis jouant du violon (B. 15), et la fête de village (B. 16).

ÉARLOM (Richard).

70 — Rubens et sa Famille, d'après ce peintre. Épreuve avant la lettre.

EDELINCK (Gérard).

71 — Jacob-Benigne Bossuet (R.-D. 56), épreuve de premier état; Nicolas Le Fevre (R.-D. 240). Plus, François Ximenès de Cisneros, cardinal, archevêque de Tolède et C., par G. Fr. Edelinck. Trois pièces.

72 — Madame Helyot (R.-D. 223.) Très belle épreuve de deuxième état, avant les mots : *cum pri. regis.*

FOLO (Jean).

73 — La Vierge et l'Enfant Jésus, d'après Raphaël. Épreuve avant la lettre.

FRAGONARD (Jean Honoré).

74 — L'Armoire. Pièce capitale du maître. Belle épreuve.

FRANÇOYS (Simon).

75 — La Magdeleine pénitente (R.-D. 1). Rare.

GANDOLFI (Mauro).

76 — La Sainte Vierge, l'Enfant Jésus, la Magde-

leine et Saint Jérôme, d'après le Corrège. Belle épreuve.

GARNIER (M. F...).

77 — Charles X, en buste, dans un ovale, d'après François Gérard. Belle épreuve avant la lettre, sur papier de la Chine.

GOLTZIUS (HENRY).

78 — Les Chefs-d'œuvre de Henry Goltzius. Suite de six estampes (B 15 à 20.) : 1° L'Annonciation. 2° La Visitation. 3° L'Adoration des Bergers. 4° La Circoncision. 5° L'Adoration des Rois-Mages. 6° La Sainte Famille.

79 — La Vierge pleurant sur le corps de Jésus-Christ (B .41.) Belle copie dans le sens de l'estampe originale de ce maître; elle ne porte ni marque ni date.

80 — Jean Zurenus (B. 189). Belle épreuve de deuxième état, avec l'écusson d'armes. Catherine Deker (B. 210), très belle épreuve; elle porte au verso le nom de P. *Mariette* et la date 1670. Deux pièces.

GOUDT, comte palatin (HENRY).

81 — Le jeune Tobie trainant le poisson, la Fuite en Egypte, et Cérès changeant Stellion en lézard. Ces trois pièces, d'après Adam Elzheimer.

GREEN (VALENTIN).

82 — Intérieur d'Ecole de village, d'après Jean Steen. Belle épreuve avant la lettre; seulement les noms d'auteurs et d'éditeur tracés à la pointe.

HEER (G... de).

83 — Les Bohémiens. Composition d'un grand nombre de figures. Rare.

HESS (CHARLES).

84 — Rubens et sa première femme, d'après ce peintre.

HOLLAR (WENCESLAS).

85 — Quatre pièces : Vierge, les mains jointes, d'après A. Durer; Hercule enfant, d'après le Parmesan; l'Aretin, d'après le Titien, épreuve de deuxième état, avec l'adresse d'Odieuvre; et le Giorgion, représenté en David.

HOUBRAKEN (JACQUES).

86 — Jean Elzevir. Très belle épreuve avant la lettre.

87 — Cinq portraits : W. Van Cillers, Arn. Drakenborch, Pierre Elzevir, Jean Temmink, et Jean Wesselius. Belles épreuves; la première, avant la lettre.

JARDIN (KARLE du).

88 — Son œuvre en 52 planches. Epreuves modernes.

JAZET (M.).

89 — La Barrière de Clichy, d'après M. Horace Vernet. Belle épreuve avant la lettre.

JODE, le vieux (PIERRE de).

90 — Héléonore de Bourbon, princesse de Nassau. Belle épreuve.

91 — Marie, femme de Ferdinand III, impératrice d'Allemagne, de Hongrie et de Bohême, archiduchesse d'Autriche, duchesse de Bourgogne, et C. Belle épreuve.

JODE, le jeune (PIERRE de).

92 — Jésus chez Nicodème, d'après Gérard Seghers. Bonne épreuve.

JORDAENS (JACQUES).

93 — La Fuite en Egypte, Mercure et Argus, Jupiter et Io, et Cacus dérobant les vaches d'Hercule. Quatre pièces.

LAIRESSE (GÉRARD de).

94 — Cinq sujets d'histoire. Anciennes épreuves; plusieurs, de premier état.

LASNE (MICHEL).

95 — Trois pièces : la Visitation, d'après Annibal Carrache; Sainte Geneviève de Brabant, d'après Simon Vouet; et le portrait de Jacques Callot. Anciennes épreuves.

LAUGIER (M. Jean-Nicolas.)

96 — Léonidas, d'après Louis David. Très belle épreuve avant la lettre, et avant le double trait carré autour de la composition; seulement les noms d'auteurs.

Cette estampe sera vendue avec l'enlèvement des Sabines, sous le numéro 114 du présent catalogue.

97 — Pygmalion devant sa statue, d'après Girodet. Belle épreuve avant la lettre, sur papier de la Chine.

LAUTENSACK (HANS SEBALD).

98 — Portrait d'homme à mi-corps (B. 9), que quelques-uns croient être celui du conseiller Roggenbach. Belle épreuve.

LIVENS (JEAN).

99 — Saint Jérôme assis dans une grotte (B. 5). Rare épreuve d'un état intermédiaire entre le premier et le deuxième décrits par A. Bartsch et par le chevalier de Claussin : la planche est réduite à la grandeur ordinaire, mais elle est avant beaucoup de travaux, pour lui donner plus d'effet ; et le nom de Wyngaerde n'y est pas encore gravé.

100 — Ephraïm Bonus, médecin Juif (B. 56). Rare et belle épreuve de premier état, *non décrit*, avant l'adresse de Clémendt de Jonghe, remplacée depuis par celle de Jean de Ram * ; elle provient de la collection de Graves.

101 — Les portraits de Daniel Heinsius (B 58), et de Jacques Gouter (B. 59). Plus, le buste d'une jeune femme. Trois pièces.

LORCH (MELCHIOR).

102 — La Taupe (B. 5).

LUCAS DE LEYDE.

103 — Jésus-Christ présenté au peuple (B. 71). Deux épreuves, dont une faible.

104 — La Conversion de Saint-Paul (B. 107). Épreuve de premier état, avant la retouche ; elle manque de conservation.

105 — La Laitière (B. 158). Bonne épreuve.

106 — La Laitière (B. 158), Épreuve faible. Plus, la copie en contre-partie, *non décrite*; deux épreuves avec différences : la première, de l'édi-

* Aux épreuves du dernier état, l'adresse de Jean de Ram a été enlevée et la planche retouchée.

tion de Clémendt de Jonghe; la seconde, de celle de G. Valk. Trois pièces.

107 — Portrait de l'empereur Maximilien Ier (B. 172), rare; plus, la copie en contre-partie, *non décrite*. Belles épreuves.

108 — Le portrait de Lucas de Leyde (B. 173), et celui d'un jeune homme (B. 174).

109 — Huit pièces décrites par Bartsch, sous les numéros 16, 40, 101, 102, 103, 105, 143 et 156.

MARCENAY DE GHUY (Antoine).

110 — Trois pièces : Le Vieillard à la toque, d'après Rembrandt ; le Testament d'Eudamidas, d'après Nicolas Poussin, épreuve avant la lettre; et la Bataille, d'après J. Parrocel, belle épreuve.

111 — Le chevalier Bayard, d'après H....., Épreuve avant la lettre.

MARTINI (Pierre-Antoine).

112 — *Exposition au salon du Louvre en* 1787.

MASSARD (M. Raphael-Urbain).

113 — Sainte Cécile, d'après Raphaël d'Urbin. Belle épreuve.

114 — L'enlèvement des Sabines, d'après Louis David. Très belle épreuve avant la lettre, et avant le double trait carré autour de la composition; seulement les noms d'auteurs.

Cette Estampe sera vendue avec son Pendant, n° 96 du présent Catalogue.

MASSON (Antoine).

115 — Sainte-Famille, d'après Nicolas Mignard (R.-D.

3). Belle épreuve de premier état, avant que la dernière lettre du nom de l'éditeur *Van Merlen* et l'année 1669 n'aient été effacées.

116 — Jésus de Nazareth, d'après Pierre Mignard (R.-D. 4). Belle épreuve de premier état, avant l'adresse de Gantrel.

MATHAM (JACQUES).

117 — Le Coucher de Vénus (B. 15). Très belle épreuve.

MATHAM (THÉODORE).

118 — Michel Le Blond, agent de Suède en Angleterre, d'après Antoine Van Dyck. Très belle épreuve.

MELLAN (CLAUDE).

119 — Neuf pièces représentant différens sujets; de de ce nombre, deux d'après Nicolas Poussin, épreuves avant la lettre.

120 — Huit Portraits : Anne d'Autriche, Guido Bentivoglio, C. Créqui de Lesdiguières, H.-L. Habert, Claude de Rebe, le cardinal de Richelieu, Abel de Servien, et un inconnu.

MORIN (JEAN).

121 — La Vierge adorant l'Enfant-Jésus, d'après le Titien (R.-D. 15). Ancienne et belle épreuve.

122 — Jean du Verger de Hauranne (R.-D. 82). Épreuve de deuxième état; elle est rognée.

MULLER (H.-C.).

123 — Portrait de Henri IV, dans un médaillon, d'après Gérard et Percier. Belle épreuve.

NANTEUIL (ROBERT).

124 — François Blondeau (R.-D. 40). Belle épreuve; elle porte au verso le nom de Claude-Augustin Mariette et la date 1697.

125 — Pierre Lallemant (R.-D. 117). Épreuve de premier état.

126 — Michel Le Masle (R.-D. 126). Belle épreuve de deuxième état, avec l'année 1661.

127 — François Lotin de Charny (R.-D. 151). Belle épreuve de troisième état.

128 — Henri de Mesmes (R.-D. 191). Épreuve de premier état, avec l'année 1650.

129 — Édouard Molé (R.-D. 193). Belle épreuve.

NORBLIN (JEAN-PIERRE).

130 — Alexandre faisant peindre sa maîtresse, par Apelles, d'après Dietricy. Belle épreuve.

OSTADE (ADRIEN VAN).

131 — Son œuvre en 51 planches. Épreuves modernes.

132 — Les Harangueurs (B. 19), et le bal villageois (B. 49). Deux pièces.

PARROCEL (JOSEPH).

133 — La Circoncision (R.-D. 27); et les quatre heures du jour (R.-D. 82 à 85), belles épreuves de deuxième état, avec la lettre. Cinq pièces.

PERSYN (RÉGNIER).

134 — Portrait de l'Arioste, d'après le Titien. Belle épreuve.

PETHER (WILLIAM).

135 — La femme de Rembrandt, en juive, d'après ce

peintre ; plus, un Portrait d'homme, d'après Antoine Van Dyck, par William Smith. Très belles épreuves.

PITAU (NICOLAS).

136 — Benjamin Priolo, ou Prioli, d'après Claude Le Febure. Rare et belle épreuve de premier état, avant les quatre vers latins, dans la marge du bas.

PONTIUS, ou DUPONT (PAUL).

137. — La Sainte Famille, d'après Jean van Hoeck. Belle épreuve.

138 — Vladislas Sigismond, prince de Pologne et de Suède, d'après Rubens. Très belle épreuve.

139 — Marie-Ambroise Capellus, évêque d'Anvers, d'après Abraham Diepenbeck. Très belle épreuve.

QUELLINUS (ERASME).

140 — Danse d'un satyre et de trois enfans.

RAIMONDI (MARC-ANTOINE).

141 — Les Grimpeurs, d'après Michel-Ange (B. 487)

RAVENET.

142 — L'Enfant-Prodigue gardant des animaux, d'après Salvator Rosa. Epreuve avant la lettre.

REMBRANDT VAN RHIN (PAUL).

143 — Portraits de Rembrandt (B. 14) 14 *; (B. 15)

---

* Les numéros, qui ne sont pas placés entre deux parenthèses, se rapportent à ceux du Catalogue de l'œuvre de Rembrandt, par M. le Chevalier de Claussin. Catalogue dont plusieurs amateurs se servent déjà de préférence à celui de Bartsch, et auquel on rendra, plus tard, la justice qui lui est due.

15; (B. 319) 28, épreuve de dernier état; (B. 316) 29, épreuve de deuxième état. Quatre pièces.

144 — Agar renvoyée par Abraham (B. 30) 37; David priant Dieu (B. 41) 45; la Circoncision (B. 48) 52; la Présentation au Temple (B. 49) 53, épreuve de deuxième état. Quatre pièces.

145 — Le Triomphe de Mardochée (B. 40) 44. Bonne épreuve.

146 — Jésus-Christ chassant les vendeurs hors du Temple (B. 69) 73. Belle épreuve de deuxième état.

147 — La Pièce de cent florins (B. 74) 78. Epreuve de troisième état, avant la retouche de Guillaume Ballie, capitaine anglais; elle est très faible.

148 — La Mort de la Vierge (B. 99) 102. Epreuve de dernier état.

149 — La Samaritaine (B. 70) 74, épreuve de troisième état; Jésus dans le Jardin des Olives, (B. 75) 79; Jésus en Croix entre les deux larrons (B. 79) 84, épreuve très faible; le retour de l'Enfant-Prodigue (B. 91) 95; et et l'Etoile des Rois (B. 113) 115. En tout, cinq pièces.

150 — Les Musiciens ambulans (B. 119) 121; le Joueur de cartes (B. 136) 136, épreuve de deuxième état; Vieillard sans barbe (B. 150) 147, épreuve de dernier état; et Figures académiques d'hommes (B. 194) 191, épreuve de denxième état. En tout, quatre pièces.

151 — Paysage aux Trois Arbres (B. 212) 209. Copie dans le même sens de l'estampe originale. Epreuve tirée sur satin.

152 — Portrait de Jean-Antonides Vander Linden (B. 264) 261. Epreuve de deuxième état.

153 — Janus Silvius (B. 266) 263. Belle épreuve.

154 — Vieillard à tête chauve (B. 298) 294, épreuve de deuxième état; Esclave à grand bonnet (B. 302) 298, épreuve aussi de deuxième état; Tête d'homme de face (B. 304) 300, épreuve de dernier état; et vieillard à tête chauve (B. 324) 317, épreuve de deuxième état. En tout, quatre pièces.

155 — Soixante-trois pièces, par et d'après ce maître. Cet article sera divisé et formera trois lots.

RESTLAND (C....).

156 — Assemblée des Académiciens royaux de Londres, pour décerner des médailles, d'après H. Singleton.

RIBERA (JOSEPH), dit l'Espagnolet.

157 — Le Corps mort de Jésus-Christ (B. 1), belle épreuve; plus, la contre-épreuve.

158 — Saint Pierre (B. 7) et Silène (B. 13), épreuves de deuxième état; plus, une contre-épreuve de Silène, premier état. Trois pièces.

RICHOMME (M. JOSEPH-THÉODORE).

159 — Galatée sur les eaux, d'après Raphaël. Belle épreuve.

RODERMONT.

160 — Jean Second, célèbre poète latin, né à La Haye. Très-belle épreuve.

RUBENS (PIERRE-PAUL).

161 — Saint François recevant les stigmates, et la Magdelaine se livrant à la douleur. Epreuves de deuxième état, où le nom de Rubens a été effacé. Plus, la Vieille femme et le Jeune garçon; effet de nuit. Trois pièces; la dernière, mal conservée.

SADELER (GILLES).

162 — Quatre Portraits de divers personnages.

SAY (WILLIAM).

163 — La Vierge et l'Enfant-Jésus, sur des nuages, d'après Murillo. Très belle épreuve.

SCHMIDT (GEORGES-FRÉDÉRIC).

164 — La Guérison de la Fille de Jaïre, et le prince de Gueldre menaçant son père en prison. Ces deux pièces, d'après Rembrandt.

SCHOEVAERDTS (M....).

165 — Réjouissance de Paysans. Composition d'un grand nombre de figures.

SCHUT (CORNEILLE).

166 — Le Temps enlevant la Vérité. Très belle épreuve. Plus, deux autres pièces, dont une d'après lui. En tout, trois estampes.

SICHEM (CHRISTOPHE VON).

167 — Portrait d'Homme, la tête couverte d'une to-

que ornée de plumes. Estampe en bois, d'après Henry Goltzius. Belle épreuve.

SMITH (Benjamin).

168 — Prestation de Serment de l'Alderman, lord-maire de la cité de Londres, en 1782. Très belle épreuve.

SOMPEL (Pierre van).

169 — Jésus-Christ à table avec les pélerins d'Emaüs, d'après Rubens. Epreuve tirée avant que l'adresse de Clémendt de Jonghe n'ait été effacée et remplacée par celle de G. Valk.

STRANGE (Robert).

170 — Charles Ier, en costume de chasse; et Henriette d'Angleterre, sa femme. Ces deux pièces, d'après Antoine van Dyck; elles sont remargées.

SUYDERHOEF (Jonas).

171 — La Paix de Munster, d'après Gérard Terburgh.

172 — La Querelle des Joueurs, ou le Coup de Couteau, d'après Terburgh. Belle épreuve; elle provient de la collection Donnadieu.

173 — Vladislas VI, Roi de Pologne et de Suède, d'après Pierre Soutman. Très belle épreuve.

174 — Trois Portraits : Charles-Quint, Adrien Beeckerts, et Louis de Deu.

TESTA (Pierre).

175 — Cinq Pièces diverses; de ce nombre, une est copie.

VELDE (Jean van de).

176 — Jean Acronius, d'après François Hals. Belle épreuve de premier état, avant l'adresse de Pierre Molyn.

VERMEULEN (Corneille).

177 — Saint Jérôme dans le désert, d'après le Dominiquin. Belle épreuve.

VISSCHER (Corneille de).

178 — La Vierge et l'Enfant-Jésus dans un paysage, d'après le Titien. Deux belles épreuves : la première, avant la lettre ; la deuxième, avec le nom du peintre, à gauche du bas de la marge inférieure.

179 — Le Joueur de Vielle, d'après Adrien van Ostade. Belle épreuve de premier état, avant la retouche; elle porte au recto le nom de F. Mariette et la date 1667.

180 — Une autre épreuve de la même planche; elle est de deuxième état.

181 — La Fricasseuse, et la Bohémienne, Epreuves de dernier état.

182 — Buste de Femme, d'après le Parmesan. Très belle épreuve de premier état, avant le nom du graveur, dans la marge inférieure, à gauche, près du trait carré.

183 — Le couronnement de la reine de Suède, d'après Georges Oven, présent à la cérémonie. Superbe épreuve avant la lettre. Cette composition capitale, du plus grand effet, est extrêmement rare à rencontrer ainsi.

184 — Un Chat accroupi; derrière lui, à gauche, un rat. Ancienne épreuve.

185 — Vondel, célèbre poète hollandais. Belle épreuve.

186 — Une autre épreuve du même portrait; plus, la Mère de Visscher, épreuve avec l'adresse de Jean de Ram, en remplacement de celle de N. Visscher. Ces deux pièces manquent de conservation.

187 — Coppenol, appelé vulgairement l'*Ecrivain*. Belle épreuve.

188 — Pierre Scriverius, de Haarlem.

189 — Robert Junius, le bras droit appuyé sur un livre fermé et posé sur une table.

Le même personnage, en buste, dans un ovale.

190 — Vingt-quatre portraits, appartenant à une suite de trente-huit portraits, qu'on appelle vulgairement *les Comtes de Flandres*. Très belles épreuves.

VISSCHER (Corneille et Jean).

191 — Treize Pièces diverses, d'après Nicolas Berghem, Pierre de Laer, et Adrien van Ostade.

VISSCHER (Jean de).

192 — Réjouissance de Paysans dans un intérieur de ferme, d'après Adrien van Ostade. Très belle épreuve de premier état, avant que la planche n'ait été divisée en deux parties.

193 — La Danse devant un Cabaret, d'après Adrien

van Ostade. Epreuve de deuxième état, où l'adresse de N. Visscher a été effacée.

194 — Corneille de Witt, Bourgmestre de Dordrecht. Très belle épreuve.

VISSCHER (Lambert).

195 — Anne d'Autriche, Reine de France et de Navarre, d'après van Loo. Epreuve tirée avant que le mot *excudit*, après celui *pinxit*, n'ait été effacé.

196 — Marie-Thérèse, Reine de France et de Navarre, d'après van Loo. Belle et rare épreuve de premier état, avant que les huit vers français, sur la face de la console, n'aient été effacés et remplacés par quatre vers latins; elle est aussi avant l'adresse de Rochefort, au milieu de la marge du bas.

197 — Léonard Golling, d'après H. Popp. Belle épreuve de deuxième état, avec le nom du peintre.

198 — Jeune homme tirant l'oreille d'un Chat. Epreuve de deuxième état, avec quatre vers français, dans la marge inférieure.

VLIET (Jean-Georges van).

199 — Saint Jérôme à genoux dans un souterrain, d'après Rembrandt (B. 13); plus, la copie en contre-partie.

VORSTERMAN, le vieux (Lucas).

200 — Bataille de Paysans, d'après Pierre Breughel. Vigoureuse épreuve.

201 — Nicolas Rockox, ancien Conseiller de la ville

d'Anvers, d'après Antoine van Dyck. Deux épreuves; l'une d'elles, avant la lettre.

WAUMANS (CONRAD).

202 — Cinq Portraits de peintres : Jean Bronckorts, Pierre François, Nicolas Peniffer, Corneille Polenburgh, et Erasme Quellinus. Belles épreuves ; les quatre premières, avant la lettre.

WITDOECK (JEAN).

203 — Sainte Cécile touchant du clavessin, d'après Rubens. Belle épreuve de premier état, avant que Schelte à Bolswert n'ait retravaillé la planche.

204 — Sainte Cécile touchant du clavessin, d'après Rubens. Belle épreuve de deuxième état, avec les travaux faits depuis à la planche, par Schelte à Bolswert, qui a substitué son nom à celui de Witdoeck.

WOOLLETT (WILLIAM).

205 — Cicéron à sa Maison de campagne, et la Solitude, d'après R. Vilson. Epreuves avant la lettre, seulement les armes; et les titres, les noms d'auteurs et la publication tracés à la pointe.

206 — La pêche, d'après Richard Wright.

207 — Le Temple d'Apollon ; plus, une Vue de la rivière du Pô, en Italie, par James Mason. Ces deux estampes, d'après Claude le Lorrain.

208 — Six Pièces diverses, par Henry Aldegrever; Etienne Delaulne, dit Stephanus; Théodore de Bry et Ce.

209 — Cinquante-cinq Pièces diverses, par différens graveurs sur bois.

210 — Quatre-vingt-seize Pièces diverses, par et d'après des artistes des écoles d'Allemagne, et des Pays-Bas. Cet article sera divisé en dix lots.

211 — Douze Pièces diverses de l'école française.

212 — Soixante-dix Pièces diverses, par des graveurs des écoles d'Italie. Cet article sera divisé en sept lots.

213 — Quarante-neufs portraits de divers personnages, par différents graveurs. Cet article sera divisé en six lots.

VIGNETTES.

214 — Onze Sujets divers, par différents graveurs. Epreuves avant la lettre; six sont tirées sur papier de la Chine.

LITHOGRAPHIES.

215 — Huit Pièces par différents artistes.

DESSINS.

(ANONYME HOLLANDAIS).

216 — Un Hiver avec patineurs. Dessin très terminé à la plume, sur peau de vélin.

BAELEN (Hans ou Jean).

217 — Saint Jean Baptiste prêchant dans le désert. Riche composition à la sanguine et à la plume, lavée au bistre et à l'encre de la Chine

BERETTINI DE CORTONE (Pierre).

218 — Figure d'homme couché. Cette étude, aux

crayons noir et blanc, sur papier gris, provient du cabinet de Mariette.

BLOEMAERT (Abraham).

219 — Suzanne et les vieillards. Ce dessin, d'une plume pleine de fermeté, est lavé à l'encre de la Chine.

BRECKLINKAM (Quirin ou Coryn).

220 — Philosophe dans son cabinet. Beau dessin à la plume, lavé à l'encre de la Chine.

BRUNETO (P,..) 1772.

221 — Tête de Saint Pierre, dessinée au crayon noir et à l'estompe, rehaussée de blanc, sur papier bleu.

DRUSSELLES (J...).

222 — Paysage dessiné à la mine de plomb et lavé en couleurs.

CAMBIASI, dit le Cangiage (Lucas).

223 — Quatre Dessins à la plume, lavés au bistre ou à l'encre de Chine.

CARDI, dit le Civoli (Louis).

224 — Figure de femme vue par le dos. Dessin à la plume et lavé à l'encre de la Chine.

DIEPENBECK (Abraham).

225 — Feuille d'Études de diverses figures. Ce dessin à la plume, d'une exécution spirituelle, est lavé à l'encre de la Chine.

DIETRICY (Christian-William-Ernest).

226 — Un Dessin à la plume, représentant deux figures de vieillards.

DURER (attribué à ALBERT).

227 — Un Saint donnant la bénédiction à un seigneur, accompagné de sa suite. Ce dessin très terminé, est à la plume et lavé au bistre.

DYCK (ANTOINE VAN).

228 — Deux Têtes de religieuses, sur la même feuille. Ce dessin, à la sanguine, est traité en grand peintre.

JORDAENS (JACQUES).

229 — Femme nue et couchée. Étude d'après nature, aux crayons noir, rouge et blanc, sur papier gris.

LAMBREGTS.

230 — Un Dessin à la mine de plomb et au lavis, représentant deux hommes dans une chambre. Plus, un autre dessin à la plume et lavé au bistre, attribué à Jean Steen.

NEYTS (GILLES).

231 — Vues de la cathédrale de Reims, et du Palais de l'Escurial. Deux dessins délicatement exécutés à la plume, sur peau de vélin.

OMMEGANCK.

232 — Bœuf vu de profil, tourné à gauche. Dessin lavé à l'encre de la Chine.

RUBENS (PIERRE-PAUL).

233 — Etude d'enfant nu, dessinée à la sanguine et à la pierre noire.

OUDRY (JEAN-BAPTISTE).

234 — Deux Chats sauvages ; l'un d'eux grimpe sur un

arbre. Dessin aux crayons noir et blanc, sur papier bleu.

OVERLAET (Antoine).

235 — Homme jouant de la musette, et vieille femme disant son chapelet. Ces deux dessins, à la plume, sont très terminés.

ULFT (Jacques Vander).

236 — Vue de Monumens. Gouache, d'une exécution très soignée.

VERBOECKHOVEN (M. Eugène).

237 — Deux moutons dans un paysage. Etude d'après nature, spirituellement dessinée à la mine de plomb.

VERBRUGGHE (Adrien).

238 — Deux Vues, riches en figures, dessinées à la pierre d'Italie; plus, une marine lavée à l'encre de la Chine, par un inconnu

VOS (Martin de).

239 — La Vierge tenant l'enfant Jésus, en présense de quatre Saints et Saintes. Ce dessin très terminé, à la plume et lavé à l'encre de la Chine, est rehaussé de couleur jaune.

ZUCCARO.

240 — La Flagellation. Dessin à la plume, lavé au bistre et rehaussé de blanc.

241 — Trois Dessins, dont un par François Verdier.

242 — Deux Dessins représentant des ornemens avec

figures, à la plume et lavés au bistre ou à l'encre de la Chine.

243 — Trois Dessins représentant des sujets d'histoire

244 — Dix Dessins divers, et une contre-épreuve.

TABLEAU.

DYCK (Antoine Van).

245 — Portrait d'homme vêtu d'un manteau noir, surmonté d'une fraise; il est vu en buste, la tête nue tournée de trois quarts, dirigé vers la droite, où il regarde; de ce côté, dans le haut du fond, la signature du maître et la date 1630. Cette peinture, d'une exécution mâle et d'un coloris admirable, est pleine de vérité et d'expression.

Hauteur : 45 centimètres, largeur : 34 centimètres.

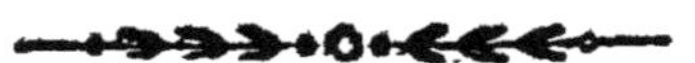

www.ingramcontent.com/pod-product-compliance
Ingram Content Group UK Ltd.
Pitfield, Milton Keynes, MK11 3LW, UK
UKHW021209230726
13926UKWH00001B/414

9 782019 144067